신구약을 통틀어 제정된 하나님의 원리 **십일조**

십일조를 꼭 해야 하나요?

| 조병남 지음

쿰란출판사

여는 말

"약속은 인격이요 돈은 신용이다."

사람들과의 사이에서 '돈' 관계를 잘 지키는 사람은 항상 신용이 좋습니다. 하나님과의 관계도 마찬가지로, 하나님께 마땅히 드려야 할 십일조를 잘 드리는 사람이 하나님이 신용하는 사람입니다. 그런데 십일조는 어떤 사람들에게는 신앙생활 하는 데 큰 걸림돌이 되기도 합니다.

교회생활을 시작할 때 십일조라는 말이 나오면 대부분 부정적인 반응을 보이며 매우 부담스럽고 선뜻 내키지 않는 것이 사실입니다. 교회가 마치 나에게 돈을 요구하는 것처럼 느껴지기도 합니다. 또한 정상적인 신자라면 신앙생활을 하면서 십일조에 대한 고민과 갈등을 경험한 적이 있을 것입니다. 그러나 이 십일조는 신앙생활을 하면서 꼭 해결해야 하고 실천해야 합니다.

하나님께서는 이 중요한 십일조에 대해서 하나님 자신의 뜻을 분명히 알리셨습니다. 그러므로 우리가 얻은 모든 것의 십의 일을 정확히 따로 떼어 하나님께 드려야 합니다. 십일조를 드리지 않고 움켜쥐고 있다고 해서 그것이 우리 소유가 되는 것은 아닙니다.

십일조는 하나님의 것이기 때문에 하나님께서는 반드시

여는 말

찾아가십니다. 또한 하나님께로부터 오는 복의 통로를 막아 버리는 결과를 가져오게 되어 오히려 손해를 보게 됩니다.

그렇지만 십일조를 온전히 드리는 사람에게 하나님께서는 큰 복을 주시겠다고 약속하셨습니다. 왜 하나님께서는 십일조와 관련하여 그렇게 큰 복을 약속하시는지, 그리고 지금도 그 약속은 유효한 것인지, 성경을 통해서 그 약속들을 정확하게 살펴볼 것입니다.

하나님의 약속은 폐기된 것이 아닙니다. 시대가 변하고 세월이 흘러도 하나님의 말씀은 변치 않듯이 하나님께서 십일조를 축복의 통로로 사용하시는 원칙에는 변함이 없습니다.

모쪼록 하나님의 축복의 원칙을 올바로 배우고 그대로 실천함으로써 여러분 모두가 하나님께서 신용하시는 사람으로 살아가게 되기를 바랍니다.

2009년 9월 1일

냉정골에서

조병남

차례

여는 말_2

1장 성경에 기록된 십일조의 기원_11
  1. 구약에서의 십일조_12
  2. 신약에서의 십일조_27

2장 십일조를 해야 할 이유_32
  1. 십일조는 하나님의 것입니다_34
  2. 십일조는 하나님의 명령입니다_37

3장 온전한 십일조란?_39

4장 십일조는 어떻게 드려야 하는가?_43
  1. 정해진 장소에 드리십시오_44
  2. 정직하게 드리십시오_46

    3. 규칙적으로 드리십시오_48

    4. 믿음으로 드리십시오_51

5장 십일조의 축복은 무엇인가?_54

    1. 차고 넘치게 하십니다(저축하게 하신다)_57

    2. 하늘 문을 열어 줍니다_58

    3. 보호를 받게 됩니다_60

6장 십일조의 축복을 누린 사람들_64

    1. 석유왕 존 록펠러(John Davision Rockefeller)_66

    2. 윌리엄 클게이트 - 콜게이트 치약_69

    3. 강철왕 카네기 - 어머니와 세 가지 약속_71

    4. 김광석 회장(참존 화장품)_73

7장 이 시대에도 십일조를 해야 하는가_77

8장 십일조는 이 시대의 선악과요 종자다!_82

차례

9장 십일조 교인의 유형_85
1. 마지못해서 드리는 부류_86
2. 복을 바라고 내는 십일조_90
3. 하나님의 영광을 위해 드리는 십일조_93

10장 십일조에 조건을 걸지 말고 하라_95
1. 조건 없는 선물로 드리십시오_97
2. 감사함으로 하십시오_99

11장 하나님의 인도함을 받아라!_102

12장 십일조에 관련된 질문과 대답(Q&A)_105
1. 십일조를 총수입에서 할 것인가? 아니면 순이익에서 할 것인가?_106
2. 빚이 있어 어려운데도 십일조를 드려야 하는가?_109
3. 지금까지 하지 못한 십일조도 드려야 하는가?_110
4. 십일조의 액수가 너무 적은데도 드려야 하는가?_111

5. 정규수입 이외에도 십일조를 드려야 하는가?_112

6. 십일조를 교회 이외의 선교 단체나 기타 선교기관에 드려도 되는가?_114

7. 십일조의 일부를 가지고 감사 헌금으로 드릴 수 있는가?_115

8. 남편이 십일조를 반대할 때는 몰래 드려야 하는가?_116

9. 건전하지 못한 업종에 종사하면서 번 돈을 십일조 해도 되는가?_117

10. 십일조를 드려도 왜 재정 문제가 풀리지 않나요?_119

● 맺는 말_121

CHAPTER 01

성경에 기록된 십일조의 기원

1. 구약에서의 십일조

1) 아브라함과 십일조

구약성경 창세기 14장을 보면 십일조에 대한 첫 번째 말씀이 나옵니다.

아브라함의 조카 롯이 살고 있는 소돔과 고모라 왕을 중심으로 하는 5개국 연합군과 엘람 왕 그돌라오멜을 중심으로 한 4개국 연합군 사이에 전쟁이 일어났습니다. 그 결과 그돌라오멜의 연합군이 승리를 거둬 소돔에 사는 아브라함의 조카 롯이 물질을 다 빼앗기고 인질로 사로잡혀 갔습니다.

이 소식을 전해 들은 아브라함은 데리고 있던 군사 318명을 거느리고 밤중에 은밀히 기습 작전을 폈습니다. 그 결과 놀랍게도 그돌라오멜의 막강한 연합군을 이기고 롯을 포함하여 모든 재물과 포로 된 자 모두를 구해냈습니다.

아브라함이 이기고 돌아오는 길목에 살렘 왕 멜기세덱이 맞이합니다. 아브라함은 포도주와 떡을 가지고 자신을 위로하며 맞이하는 살렘 왕 멜기세덱을 지극히 높으신 하나님의 제사장이라 여기고 전쟁 중에 얻은 모든 것의 십분의 일을 멜기세덱에게 드렸습니다.

"아브람이 그돌라오멜과 그와 함께한 왕들을 쳐부수고 돌아올 때에 소돔 왕이 사웨 골짜기 곧 왕의 골짜기로 나와 그를 영접하였고 살렘 왕 멜기세덱이 떡과 포도주를 가지고 나왔으니 그는 지극히 높으신 하나님의 제사장이었더라 그가 아브람에게 축복하여 이르되 천지의 주재이시요 지극히 높으신 하나님이여 아브람에게 복을 주옵소서 너희 대적을 네 손에 붙이신 지극히 높으신 하나님을 찬송할지로다 하매 아브람이 그 얻은 것에서 십분의 일을 멜기세덱에게 주었더라"(창 14:17~20).

살렘은 이스라엘의 수도 예루살렘으로, 원래는 여부스 족의 성읍입니다. 그리고 후에 주전 1000년경에 다윗에게 점령당한 후 이스라엘의 수도가 되었습니다. 즉 살렘은 예루살렘의 옛 이름입니다.

아브라함이 전쟁에 승리했습니다. 그 자체도 하나님의 축복입니다. 그런데 돌아오는 길에서 살렘 왕이자 제사장이었던 멜기세덱이 아브라함을 축복합니다. 그때 아브라함이 '나는 축복을 받는 자로구나' 깨닫게 됩니다. 그래서 이 축복에 대한 깨달음과 동시에 하나님께 십분의 일을 드릴 수가 있었던 것입니다. 그러니까 아브라함은 하나님께서 승리를 주시고 복을 주신 은혜에 감사하여 기쁘고 즐거운 마음으로 십일조를 드렸던 것입니다.

아브라함을 환영하고 축복하는 멜기세덱이라는 존재는

아주 특별합니다. 신약성경 히브리서 7장 3절에 이 사람을 "아버지도 없고 어머니도 없고 족보도 없고 시작한 날도 없고 생명의 끝도 없어 하나님의 아들과 닮아서 항상 제사장으로 있느니라"고 설명했습니다. 성경에서는 멜기세덱을 영원한 존재라고 하며, 하나님의 아들과 닮았다고 말합니다.

멜기세덱은 예수 그리스도의 표상, 그림자가 된 존재라 할 수 있습니다. 이런 멜기세덱에게 아브라함은 십분의 일을 드렸습니다.

아브라함은 강요가 아닌 감사함으로 드렸습니다. 더구나 멜기세덱이 떡과 포도주를 가지고 나왔는데, 우리의 제사장이 되시는 예수님도 최후의 만찬 석상에서 떡과 포도주를 가지고 제자들을 만나 주셨습니다.

그러므로 십일조는 아브라함 이후에 아름다운 신앙의 전통이 되었던 것으로 보여집니다.

2) 야곱이 물려받은 십일조

야곱은 이삭의 아들로서 아브라함의 손자입니다. 그가 형 에서의 장자의 축복을 가로채자 에서의 분노를 사게 됩니다. 이에 그는 고향과 부모의 곁을 도망치듯 떠납니다.

지금도 낯선 땅, 모르는 사람들과 살게 되면 불안과 두려움이 생기는데, 그 당시 부족끼리 뭉쳐 살면서 서로의 안위를 보호해주던 상황에서 부모와 고향을 떠나는 야곱의 마음은 불안하고 두려움에 싸였을 것입니다.

야곱은 공포와 불안이 극심한 상태에서 위로와 보호가 필요하였고 불확실한 장래에 대해 누군가로부터 보호와 인도를 받아야 할 절박한 상태에 있었습니다.

그때 야곱에게 홀연히 나타나신 분이 하나님입니다. 그는 하나님께서 자기와 함께 계심을 깨닫게 되었고, 이에 하나님의 보호와 돌보심을 구하면서 십일조에 대한 서원을 합니다.

"내가 너와 함께 있어 네가 어디로 가든지 너를 지키며 너를 이끌어 이 땅으로 돌아오게 할지라 내가 네게 허락한 것을 다 이루기까지 너를 떠나지 아니하리라 하신지라 야곱이 잠이 깨어 이르되 여호와께서 과연 여기 계시거늘 내가 알지 못하였도다 이에 두려워하여 이르되 두렵도다 이 곳이여 이것은 다름 아닌 하나님의 집이요 이는 하늘의 문이로다 하고 야곱이 아침에 일찍이 일어나 베개로 삼았던 돌을 가져다가 기둥으로 세우고 그 위에 기름을 붓고 그곳 이름을 벧엘이라 하였더라 이 성의 옛 이름은 루스더라 야곱이 서원하여 이르되 하나님이 나와 함께 계셔서 내가 가는 이 길에서 나를 지키시고 먹을 떡과 입을 옷을 주시어 내가 평안히 아버지 집으로 돌아가게 하시오면 여호와께서 나의 하나님이 되실 것이요 내가 기둥으로 세운 이 돌이 하나님의 집이 될 것이요 하나님께서 내게 주신 모든 것에서 십분의 일을 내가 반드시 하나님께 드리겠나이다 하였더라"(창 28:15~22).

야곱의 십일조는 하나님이 야곱과 함께하심을 믿는다는 표현과, 생명을 살려 주신다는 약속에 대한 헌신의 표현입니다. 특별히 야곱은 십일조란 자신의 것을 떼어서 하나님께 드리는 것이 아니라 자신이 가진 모든 것이 하나님께로부터 온 것임을 인정했습니다.

그러므로 십일조는 하나님께서 주신 복, 하나님이 주신 모든 것에 대해서 하나님께로부터 온 것이라 인정하는 믿음과 감사와 예배의 행위입니다. 다시 말해 하나님께서 주신 복을 가지고 하나님께 영광을 돌리는 것입니다. 하나님이 100을 주셨는데 그 가운데 10으로 영광을 돌리고 90은 누리는 것입니다.

이처럼 아브라함과 야곱의 삶 속에 십일조의 형태가 나타나고 있는 것은 십일조가 율법으로 성문화되기 이전부터 이미 대대손손 행해지고 있었음을 알려줍니다. 그리고 모세 시대에 이르러 비로소 십일조에 관한 규정이 문서화되었습니다.

3) 모세와 십일조

모세는 시내산에서 이 십일조의 원리가 포함된 율법을 받게 됩니다. 모세의 율법을 보면 세 종류의 십일조가 나옵니다.

첫째, 주의 십일조입니다.

> "내가 이스라엘의 십일조를 레위 자손에게 기업으로 다 주어서 그들이 하는 일 곧 회막에서 하는 일을 갚나니"(민 18:21).

이스라엘에 열두 지파가 있지만 레위 지파는 성막일, 즉 하나님을 섬기는 일을 하므로 땅을 분배받지 못합니다. 그래서 레위 지파는 땅이 없어 농사를 지을 수 없고 십일조에 의존해서 살 수밖에 없습니다. 그런데 레위인들도 또한 십일조를 구별해서 레위인 중에 아론의 후손인 제사장들에게 드렸습니다. 이것을 가리켜 주의 십일조라고 합니다.

둘째, 절기 십일조입니다.

> "너는 마땅히 매 년 토지 소산의 십일조를 드릴 것이며 네 하나님 여호와 앞 곧 여호와께서 그의 이름을 두시려고 택하신 곳에서 네 곡식과 포도주와 기름의 십

일조를 먹으며 또 네 소와 양의 처음 난 것을 먹고 네 하나님 여호와 경외하기를 항상 배울 것이니라"(신 14:22~23).

예루살렘에서 거리가 멀어 짐승과 곡식을 가지고 올 수 없는 사람은 돈을 가지고 와서 그 돈으로 절기를 지키는 데 필요한 음식을 사서 먹고 마시는 것에 썼습니다.

유대인들에게는 유월절, 무교절, 초실절, 오순절, 나팔절, 속죄일, 장막절, 이렇게 7대 절기가 있습니다. 이 7대 절기를 지키기 위해 예루살렘을 오고가는 교통비와 먹고마시는 것에 십일조를 드려서 해결한다는 것이 절기 십일조입니다.

셋째, 구제 십일조입니다.

"매 삼 년 끝에 그 해 소산의 십분의 일을 다 내어 네 성읍에 저축하여 너희 중에 분깃이나 기업이 없는 레위인과 네 성중에 거류하는 객과 및 고아와 과부들이 와서 먹고 배부르게 하라 그리하면 네 하나님 여호와께서 네 손으로 하는 범사에 네게 복을 주시리라"(신 14:28-29).

십일조를 내서 객과 고아와 과부를 굶어 죽지 않고 먹을 수 있게 하라, 즉 구제의 십일조입니다. 이것은 3년마다 한 번씩 드렸습니다.

레위인들의 부양, 절기 예배의 경비, 가난한 사람의 구제는 종교적인 목적인데, 이처럼 모세 율법은 주로 십일조의 사용 용도를 규정하였습니다.

모세 율법이 가르치는 십일조의 목적은 분명합니다. 신명기 14장 23절 말씀처럼 "네 하나님 여호와 경외하기를 배우라"는 것입니다. 하나님을 경외함으로 하나님을 섬기는 레위인을 부양하고 하나님이 친히 아버지가 되어서 돌보시는 고아와 객과 과부들을 위해서 그리고 하나님을 예배하는 절기 예배를 위해서 십일조를 쓰라는 것입니다.

신명기 14장 26절에는 "네 하나님 여호와 앞에서 너와 네 권속이 함께 먹고 즐거워할 것이며"라고 기록되어 있습니다. 십일조는 즐거운 마음으로 드리는 것입니다. 그렇게 하면 신명기 14장 29절에서 "네 하나님 여호와께서 네 손으로 하는 범사에 네게 복을 주시리라"고 말씀하셨습니다.

모세 율법에는 십일조에 관한 3단계 원리가 있습니다. 1단계 원리는 하나님께서 하나님의 백성의 필요를 공급해 주시는 것입니다.

그리고 하나님께서 공급해 주시는 모든 축복을 받은 하나님의 백성은 "이것은 여호와께로부터 온 것입니다"라고 인정하고 믿음으로 십일조를 드려야 합니다. 그러면 하나님께서 십일조를 받으시고 그것으로 레위인을 부양하고 예배를 드리며 고아와 과부를 구제하고 그리고 더 드릴 수 있도록 복을 부어 주십니다.

따라서 1단계는 하나님의 공급이고, 2단계는 십일조를 드림이며, 3단계는 하나님의 축복입니다.

그런데 이스라엘 백성이 가나안 땅에 정착한 이후 십일조의 규칙을 지키는 일을 무시했습니다. 그러다가 히스기야 시대에 아주 모범적인 십일조가 드려집니다.

4) 히스기야의 십일조

왕정시대(왕이 다스리는 시대)의 대부분의 기간에 이스라엘 백성은 영적으로 타락하여 우상을 숭배했고, 하나님께 십일조 드리는 일을 소홀히 했습니다.

그 결과 나라는 피폐해지고 백성은 말할 수 없는 곤경에 빠져 있었습니다. 이러 사실을 깨달은 히스기야는 대대적인 우상척결운동을 벌였고, 잊혀진 절기를 회복하고, 온 백성에게 십일조를 바치도록 했습니다.

> "왕의 명령이 내리자 곧 이스라엘 자손이 곡식과 포도주와 기름과 꿀과 밭의 모든 소산의 첫 열매들을 풍성히 드렸고 또 모든 것의 십일조를 많이 가져왔으며 유다 여러 성읍에 사는 이스라엘과 유다 자손들도 소와 양의 십일조를 가져왔고 또 그들의 하나님 여호와께 구별하여 드릴 성물의 십일조를 가져왔으며 그것을 쌓아 여러 더미를 이루었는데"(대하 31:5~6).

그래서 백성들이 십일조를 드리고 제사장들과 레위인들은 더욱 온전한 마음으로 성소의 직무를 수행하였습니다. 그러자 하나님께서 히스기야 시대를 형통케 하셨습니다.

> "히스기야가 온 유다에 이같이 행하되 그의 하나님 여호와 보시기에 선과 정의와 진실함으로 행하였으니 그가 행하는 모든 일 곧 하나님의 전에 수종드는 일이나 율법에나 계명에나 그의 하나님을 찾고 한 마음으로 행하여 형통하였더라"(대하 31:20~21).

5) 말라기의 십일조

그러나 이스라엘 백성은 다시 하나님을 반역하고 계속 우상을 숭배하였습니다. 이로 인하여 이스라엘은 망하고 백성들은 바벨론 포로로 잡혀가게 되었습니다. 바벨론에서의 힘들고 고단한 포로생활은 결국 하나님에 대한 예배를 중심으로 신앙을 회복하는 계기가 되었습니다.

이들은 하나님의 은혜로 오랜 포로생활 후에 다시 이스라엘로 돌아오는 감격을 맛보았습니다. 그러나 황폐해진 성전을 다시 건축하는 과정은 어렵고 위험스러웠습니다.

설상가상으로 지도자인 느헤미야가 다시 바사 왕국으로 소환된 후 이스라엘 사람들은 신앙이 해이해져서 십일조를 드리는 것을 등한시하고 성전 관리를 포기했는데, 이들을 향한 경고로 선포한 말씀이 말라기서입니다.

> "사람이 어찌 하나님의 것을 도둑질하겠느냐 그러나 너희는 나의 것을 도둑질하고도 말하기를 우리가 어떻게 주의 것을 도둑질하였나이까 하는도다 이는 곧 십일조와 봉헌물이라 너희 곧 온 나라가 나의 것을 도둑질하였으므로 너희가 저주를 받았느니라 만군의 여호와가 이르노라 너희의 온전한 십일조를 창고에 들여 나의 집에 양식이 있게 하고 그것으로 나를 시험하여 내가 하늘 문을 열고 너희에게 복을 쌓을 곳이 없도록 붓지 아니하나 보라"(말 3:8~10).

말라기서는 십일조를 드리는 행위를 하나님과의 언약 관

계를 회복하는 방법으로 간주하고 있습니다. 그러므로 십일조를 하나님의 소유로 간주하여 십일조를 드리지 않는 행위 자체를 하나님의 것을 도둑질한다고 표현합니다.

온전한 십일조를 드리는 행위를 촉구하면서 만일 이러한 하나님의 뜻을 거역하고 돌이키지 않는다면 저주의 징벌이 있을 것이며, 마음을 돌이키고 십일조를 성실하게 드린다면 그 보상으로 하나님의 축복이 내릴 것이라고 말합니다.

이를 확신하는 의미에서 하나님을 시험해도 좋다는 뜻을 덧붙이면서 십일조의 약속을 지키시는 하나님의 강한 의지를 나타냅니다.

이와 같이 십일조는 아브라함 때부터 시행되어 내려오다가, 하나님께서 모세를 통하여 주신 율법 속에서 최초로 성문화되었습니다. 그리하여 이스라엘의 역사 속에서 계속하여 지켜져 신약 시대로까지 이어지게 된 것입니다.

2. 신약에서의 십일조

1) 예수님과 십일조

예수님께서는 십일조가 율법에 정한 기준대로 드려져야 함은 물론 그 근본 정신이 살아 있는 십일조가 드려져야 함을 강조하셨습니다.

> "화 있을진저 외식하는 서기관들과 바리새인들이여 너희가 박하와 회향과 근채의 십일조는 드리되 율법의 더 중한 바 정의와 긍휼과 믿음은 버렸도다 그러나 이것도 행하고 저것도 버리지 말아야 할지니라"(마 23:23).

이 구절에서 예수님은 서기관과 바리새인들의 위선을 꾸짖으셨습니다. 그들은 십일조를 드림에 있어서 매우 엄격하고 꼼꼼했습니다. 그러나 한편으로 그것들보다 중요한 문제인 정의와 긍휼과 믿음을 무시하였습니다.

예수님은 십일조를 준수하는 것보다 정의와 긍휼과 믿음을 중요한 것으로 인정하면서도, 이것도 행하고 저것도 버리지 말라고 하셨습니다.

이것은 십일조를 드리는 것이 하나님께 대한 사랑과 함께 지켜져야 한다는 것을 가르치신 것입니다.

2) 바울과 십일조

"성전의 일을 하는 이들은 성전에서 나는 것을 먹으며 제단에서 섬기는 이들은 제단과 함께 나누는 것을 너희가 알지 못하느냐 이와 같이 주께서도 복음 전하는 자들이 복음으로 말미암아 살리라 명하셨느니라"(고전 9:13~14).

여기서 강조된 단어는 14절의 처음 시작하는 단어인 "이와 같이"입니다. 이 구절에서 십일조라는 단어는 발견되지 않지만 가장 분명하게 암시하고 있습니다.

13절에서 신약의 성도들로 하여금 모세 율법의 성전에서

봉사했던 자들을 보존하기 위해 공급되던 것을 기억하게 합니다. 그리고 구약 시대에 하나님의 종들을 부양했던 것은 십일조였습니다. '이와 같이' 십일조는 신약 시대에도 하나님의 종들을 부양하기 위해 정해진 것입니다.

이상에서 살펴본 바와 같이 십일조는 율법 이전에 히브리인들의 불문율로 시작되었다가 모세의 율법을 통해서 성문화된 것으로 오늘날까지 이르고 있습니다.

어떤 사람은 십일조는 율법 시대의 것이기 때문에 신약 시대에 와서 예수 그리스도를 통한 은혜 안에서 폐지되었다고 주장하는데, 이는 예수님의 말씀에 위배되는 것입니다.

"내가 율법이나 선지자를 폐하러 온 줄로 생각하지 말라 폐하러 온 것이 아니요 완전하게 하려 함이라 진실로 너희에게 이르노니 천지가 없어지기 전에는 율법의 일점 일획도 결코 없어지지 아니하고 다 이루리라"(마 5:17~18).

율법은 폐하여지지 않고 오직 완성될 뿐입니다. 한 예로 구약 시대의 안식일을 신약 시대에 주일로 지키는 것은 안식일이 폐지된 것이 아니라 완성된 것입니다.

율법이란 하나님께서 모세를 통하여 지키도록 명하신 계명들을 총칭하는 말입니다. 그러므로 율법은 반드시 지켜져야 할 하나님의 말씀이며 십일조도 결코 하나님의 말씀에서 제외되지 않습니다.

하나님이 율법을 주신 본래의 목적은 그것을 지켜 행하는 사람에게는 생명과 복을 주시려는 데 있습니다. 예수님은 구약의 모든 법과 질서를 완성하신 분입니다.

그러므로 구약의 십일조 헌금이 이스라엘 백성이 자신의 소유 모두가 하나님의 것임을 고백하고 확증하는 것이라면, 신약에서도 십일조 헌금을 계속 유지함으로 우리의 소유 모두가 하나님의 것임을 나타내고 고백하는 것입니다.

우리는 구약의 하나님과 신약의 하나님이 같은 분이라는 사실을 알아야 합니다. 하나님은 그분의 원칙을 바꾸지 않으십니다. 하나님은 하나님의 말씀을 지키며 하나님을 공경하는 구약의 백성들에게 풍성한 곡식과 열매들을 주셨습니다.

오늘날에도 보좌에 계신 동일한 하나님께서는 하나님을 공경하는 사람들에게 풍성한 곡식과 그 사업에 있어 번성함을 주십니다. 구약 시대에 이스라엘을 인도하신 하나님은 지금도 동일하게 인도하십니다.

CHAPTER 02

십일조를 해야 할 이유

　우리가 십일조에 관한 말씀을 먼저 믿고 실천해야 함은 물론이고, 우리의 자녀들에게 물질의 복을 받는 원리를 가르쳐서 십일조를 실천하게 해야 합니다.

　부모의 입장에서 자녀들이 돈을 많이 번다는 것도 기쁜 일이겠습니다만, 자녀가 열심히 번 돈으로 하나님께 십일조를 드리는 믿음을 볼 수 있는 것도 얼마나 기쁜 일인지 모릅니다.

　그렇다면 왜 십일조를 하나님께 드려야 합니까?

1. 십일조는 하나님의 것입니다

하나님은 만물의 주인이십니다. 창세기 1장 1절에는 "태초에 하나님이 천지를 창조하시니라"고 했습니다. 즉 모든 만물을 하나님이 창조하셨으니 만물은 주의 것입니다. 그러므로 만물이 하나님의 것이니 하나님께로 돌아가야 합니다.

십일조는 사람의 모든 소유물이 사람의 것이 아니라 하나님의 것임을 인정하는 행위입니다.

예를 들어 땅의 주인은 사람이 아니라 하나님이십니다. 물도 하나님의 것이요 이 세상에 있는 모든 피조물의 세계는 다 하나님의 것입니다.

"땅과 거기에 충만한 것과 세계와 그 가운데에 사는 자들은 다 여호와의 것이로다"(시 24:1).

"이는 삼림의 짐승들과 뭇 산의 가축이 다 내 것이며 산의 모든 새들도 내가 아는 것이며 들의 짐승도 내 것임이로다 내가 가령 주려도 네게 이르지 아니할 것은 세계와 거기에 충만한 것이 내 것임이로다"(시 50:10~12).

"여호와여 위대하심과 권능과 영광과 승리와 위엄이 다 주께 속하였사오니 천지에 있는 것이 다 주의 것이로소이다"(대상 29:11).

"은도 내 것이요 금도 내 것이니라 만군의 여호와의 말이니라"(학 2:8).

우리는 이 땅의 모든 것이 하나님의 것임을 인정하기 때문에 십일조를 드려야 합니다. 십일조를 바치는 기본 원칙은 인간의 재산을 포함한 모든 것이 하나님에게 속한다는 것을 인정하는 것입니다. 십일조는 우리의 생명까지도 하나님의 소유물이라는 것을 십일조 헌금을 통해 확실하게 인정하며 드러내는 것입니다.

하나님은 우리를 만드신 분으로서 우리가 하나님을 영화

롭게 하기를 원하십니다. 하나님께서는 일주일이라는 시간을 모두 우리에게 주셨지만 하나님과의 특별한 시간을 원하셨기 때문에 주일을 정하신 것입니다. 일주일 중의 하루만큼은 예배드리고, 하나님의 말씀을 들으며, 하나님과 더불어 교제하는 시간으로 사용하기를 원하십니다.

십일조도 이와 마찬가지입니다. 우리의 모든 수익은 100퍼센트 하나님께서 주신 것입니다. 하나님께서 안 주시면, 허락하지 않으시면 1원도 벌 수 없습니다.

이렇게 하나님께서 다 주셨음에도 십일조를 드리는 이유는 하나님께서 100퍼센트 소유주라는 것을 부인하는 것이 아니라, 그것을 특별한 방식으로 인정하는 것입니다. 그러므로 십일조를 드리는 사람은 하나님이 만물의 주인이시며 창조주가 되신다는 사실을 존중하는 사람입니다.

하나님은 우리의 재정 상태를 아십니다. 우리의 형편을 다 알고 계십니다. 그러나 먼저 하나님이 원하시는 것은 도움을 요청하고 부족한 것을 채워 주시도록 기대하고 바라는 것이 아니라 하나님을 인정하는 것입니다.

2. 십일조는 하나님의 명령입니다

모든 성도가 십일조를 해야만 하는 본질적인 이유는 단 한 가지입니다. 십일조를 성경에서 말씀하고 있기 때문입니다. 십일조라는 단어는 구약에서 32회, 신약에서 7회, 도합 39회 사용되었습니다.

> "그리고 그 땅의 십분의 일 곧 그 땅의 곡식이나 나무의 열매는 그 십분의 일은 여호와의 것이니 여호와의 성물이라"(레 27:30).

> "너는 마땅히 매 년 토지 소산의 십일조를 드릴 것이며"(신 14:22).

> "만군의 여호와가 이르노라 너희의 온전한 십일조를 창고에 들여 나의 집에 양식이 있게 하고……"(말 3:10).

"네 재물과 네 소산물의 처음 익은 열매로 여호와를 공경하라"(잠 3:9).

이렇게 하나님은 하나님의 백성들에게 십일조를 명령하셨습니다.

CHAPTER 03

온전한 십일조란?

    온전한 십일조의 액수를 정하는 과정에 있어서는 모든 수입의 십일조를 드릴 것인가, 필요 경비를 제외한 순수익의 십일조를 드릴 것인가, 손해를 보는 경우에도 십일조를 해야 하는가 등의 여러 가지 문제로 인해 어려움을 겪을 때가 있습니다.

    그러나 온전한 십일조는 정해진 액수대로 하는 십일조여야 합니다. 자기 소유와 소득의 십분의 일이 그 정해진 액수입니다.

    현재 우리의 삶은 과거와는 달리 정해진 액수를 계산하기 어려울 때가 많습니다. 이런 경우에는 세금이나 공제금을 포함하여 필요 경비를 제외한 순수익의 십일조를 하면 무난할 것입니다.

그러나 우리는 정해진 액수를 계산할 때, 무엇보다 먼저 우리의 모든 것이 다 하나님의 것임을 유념해야 합니다. 십분의 일 뿐만 아니라 십분의 십 전체가 하나님의 것입니다. 십분의 일은 하나님께서 우리에게 요구하시는 최소한의 것에 불과합니다.

그러므로 십분의 일을 계산하기 어려울 때에는 십분의 일 이상이라도 드리겠다는 넉넉한 자세를 가져야 합니다. 그래서 십분의 이를 드리겠다는 목표를 가져 볼 수도 있습니다. 이런 자세를 갖는다면, 손해를 보는 경우라 하더라도 하나님의 것을 하나님께 드린다는 생각에서 조금도 부담을 갖지 않고 십일조를 드릴 수 있게 됩니다.

우리는 액수의 세밀한 계산이 정확한 순종의 믿음에서 나오기보다 인색함에서 비롯되는 것이 대부분임을 쉽게 경험하고 있습니다.

하나님께 십일조를 드리는 생활은 복을 받기 위한 조건이라기보다, 성도가 해야 할 마땅한 본분입니다. 성도는 십일조를 통해 자신이 가진 모든 것의 주인이 하나님이시라는 믿음을 확인하고, 하나님께 감사를 드려야 합니다.

그러므로 하나님의 것을 마땅히 하나님께 드린다는 생각을 가지고 드려야 합니다.

CHAPTER 04

십일조는 어떻게 드려야 하는가?

십일조는 하나님의 명령이며 그리스도인의 책임이고 당연히 드려야 할 의무입니다.

그렇다면 십일조는 어디에 드려야 합니까?

1. 정해진 장소에 드리십시오

십일조는 하나님께서 정해 놓으신 장소에 드리도록 되어 있습니다. 하나님의 장소는 성전이며 교회를 의미합니다. 그 곳은 구속의 예표인 희생제사가 드려진 곳이며 십일조와 헌금이 드려진 곳입니다(신 12:1~32).

이스라엘 백성들은 아무 곳에서나 희생 제사를 드릴 수 없었습니다. 정해진 곳에서 드려야만 하나님께서 받으셨습니다.

> "너희의 하나님 여호와께서 택하실 곳으로……
> 너희의 번제와 너희의 희생과 너희의 십일조 ……가지고
> 가고"(신 12:11).

십일조는 정해진 특별한 장소로 가져와야 하는데, 하나님께서 이스라엘 백성에게 광야에서는 성막으로, 가나안 땅에서는 실로와 예루살렘으로 가져가도록 명령하셨습니다. 즉 하나님의 제단이 있는 곳에 십일조를 드리도록 했습니다.

하나님이 임재하고 축복이 머무는 곳이 교회입니다. 그러므로 십일조는 하나님의 은혜와 축복을 허락하시는 완전한 곳인 교회에 바치는 것이 올바른 방법입니다.

교회에 바친다는 것은 본질적으로 주님의 교회에 대한 신뢰이며 사랑의 표현입니다. 그리고 하나님과의 교제를 의미

합니다.

교회는 청지기의 역할을 위하여 부름 받은 곳이며 선택받은 곳에서 열매를 거두게 하는 것입니다.

그러므로 십일조를 자기 마음대로 이곳 저곳에 보내며 나눈다든지 자신의 판단에 의해 교회 아닌 다른 곳에 보내는 것은 잘못된 것입니다.

신자가 십일조를 지정된 하나님의 장소인 교회에 드릴 때 그 제단을 통해서 하나님의 축복과 은혜를 받게 됩니다.

2. 정직하게 드리십시오

기독교인들은 구원받았으며 하나님의 은혜를 입었기 때문에 십일조를 드려야 합니다. 그러나 얼마를 드리든지 먼저 정직해야 합니다.

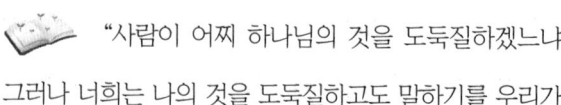 "사람이 어찌 하나님의 것을 도둑질하겠느냐 그러나 너희는 나의 것을 도둑질하고도 말하기를 우리가

어떻게 주의 것을 도둑질하였나이까 하는도다 이는 곧 십일조와 봉헌물이라"(말 3:8).

하나님은 십일조를 드리지 않는 사람을 극단적으로 '도둑질했다'고 말씀하셨습니다. 십일조는 하나님의 것입니다.
"십분의 일은 여호와의 것"(레 27:30)이라고 했습니다. 그러므로 정직하게 드려야 합니다. 아나니아와 삽비라처럼 하나님을 속이면 타락한 헌금을 드리게 됩니다.

구약의 히스기야 왕은 세 가지 개혁을 시도했습니다.
첫째, 유월절 절기를 다시 지켰고 둘째, 우상을 타파했고, 셋째, 레위인들과 제사장들을 세우고 그들을 부양하기 위해 십일조와 제물을 드리도록 했습니다(대하 29:31).

지금 우리도 하나님의 말씀 앞에 소홀하게 취급하는 신앙생활에 대한 새로운 갱신과 회복이 필요합니다. 주일 성수 의식이 약해지는 것과 십일조 헌금 생활을 철저하게 지키지 못하는 잘못된 것을 회개하고 새롭게 해야 합니다.

히스기야 왕이 하나님으로부터 사랑받을 수 있었던 것은 모든 이들이 잊고 있는 하나님의 말씀을 찾아 성실하게 지켰기 때문입니다. 하나님이 십일조를 회복하고 정직하게 드리기를 원하십니다.

3. 규칙적으로 드리십시오

"모든 소나 양의 십일조는 목자의 지팡이 아래로 통과하는 것의 열 번째의 것마다 여호와의 성물이 되리라"(레 27:32).

십일조는 교회에서 만든 교회법이 아니며 사람이 고안해 낸 규칙이 아닙니다. 십일조는 하나님이 명령하신 제도입니다.

그렇다면 왜 십일조를 규칙적으로 드려야 합니까? 그것은 하나님과의 계속적인 신뢰와 믿음의 관계를 확인하기 위해서입니다.

정기적으로 십일조를 드리는 생활이란 하나님을 기억하고 하나님의 인도와 하나님의 돌봄 그리고 함께하심에 대한 계속된 확인입니다.

매월, 매주, 매일 자신의 믿음을 하나님께 표현할 수 있습니다. 어떤 사람은 십일조 헌금을 매월 드리는 것이 자신이 없는 경우가 있으며, 매주 드리는 것도 어려운 경우가 있습니다.

돈의 유혹이나 생활의 어려움, 쓸 것이 많은 경우 등 얼마든지 규칙적이며 계속해서 해야 되는 십일조 헌금 생활을 실패하는 경우도 있습니다.

그럴 때 결심하십시오. 십일조를 하지 않는 동안 하나님과 나와의 관계는 점점 멀어져 간다는 것과, 건강한 신자가 아니라는 것을 잊지 마십시오.

어느 경우에는 야곱을 거울 삼아 서원 십일조를 하는 때가 있습니다. 그러나 조심해야 합니다. 서원은 하나님과의 절대적인 약속, 그 약속을 지키지 않는 것은 하나님으로부터 하늘의 문이 막힌다는 사실입니다. 반드시 그리고 속히 갚아야 합니다.

📖 "네 하나님 여호와께 서원하거든 갚기를 더디 하지 말라 네 하나님 여호와께서 반드시 그것을 네게 요구하시리니 더디면 그것이 네게 죄가 될 것이라 네가 서원하지 아니하였으면 무죄하리라 그러나 네 입으로 말한 것은 그대로 실행하도록 유의하라 무릇 자원한 예물은 네 하나님 여호와께 네가 서원하여 입으로 언약한 대로 행할지니라"(신 23:21~23).

십일조를 약속하고 하지 않는 것과 규칙적으로 할 수 없는 것은 하나님과의 관계가 멀어지게 하는 것입니다.

📖 "이제는 하던 일을 성취할지니 마음에 원하던 것과 같이 완성하되 있는 대로 하라 할 마음만 있으면 있는 대로 받으실 터이요 없는 것은 받지 아니하시리라"(고후 8:11~12).

지금 마음에 감동되고 결심한 그대로 하는 것입니다. 다음 기회에 많이 벌어서 하겠다는 것이 아닙니다. 믿음이 좋아진 다음에 한다는 것도 아닙니다.

지금 내게 있는 대로 실천하겠다는 마음으로 하십시오. 하나님은 날마다 그 마음과 믿음을 아시고 계속해서 깊은 관계와 축복의 하늘 문을 열어 주십니다.

4. 믿음으로 드리십시오

사람은 삶에 대한 염려와 걱정들로 인하여 행복한 생활을 유지하지 못하고 잃어버리게 됩니다. 십일조는 매일의 필요를 채워주시는 하나님을 체험하는 길로 인도합니다.

십일조를 하면 생활비가 부족할 것 같아 염려 되시고 두려워하는 분이 있을 것입니다. 그러나 하나님은 결코 우리의 필요를 외면하시거나 부족하도록 내버려 두시지 않습니다. 그런 염려와 걱정은 불신앙입니다.

 "그러므로 내가 너희에게 이르노니 목숨을 위

하여 무엇을 먹을까 무엇을 마실까 몸을 위하여 무엇을 입을까 염려하지 말라 목숨이 음식보다 중하지 아니하며 몸이 의복보다 중하지 아니하냐 공중의 새를 보라 심지도 않고 거두지도 않고 창고에 모아들이지도 아니하되 너희 하늘 아버지께서 기르시나니 너희는 이것들보다 귀하지 아니하냐"(마 6:25~26).

하나님은 충분한 것을 공급하십니다. 인색하거나 부족하게 주시는 분이 아니라 우리의 기대 이상의 넉넉함을 주십니다.

그러므로 십일조는 모든 것에 부요하신 하나님을 믿는 믿음의 고백이며, 매일의 삶을 평안하게 인도하시는 하나님께 믿음으로 살 것을 고백하는 결심과 같은 것입니다.

믿음대로 된다는 성경의 원리는 지금도 유효하며 앞으로도 동일합니다.

마태복음 9장 29절에 "너희 믿음대로 되라"는 것은 단순히 병든 자에게만 해당되는 것이 아닙니다.

십일조 생활에 약하거나, 온전하게 드리지 못하거나, 아직도 시작하지 못하신 분이 있으면 이제 시작하십시오.

새롭게 하나님께 결심하고 다짐하십시오.
믿음으로 해보십시오. 환경보다 믿음입니다.

CHAPTER 05

십일조의 축복은 무엇인가?

　십일조는 내 것이 아니라 하나님의 것입니다. 그래서 십일조를 내지 않는 것은 하나님의 것을 훔치는 것입니다. 하나님의 것을 훔치는데, 어찌 하나님께서 복을 부어 주시겠습니까?

　많은 사람들이 아침부터 밤까지 뼈가 부서지도록 일을 합니다. 아무리 열심히 일하고 노력한다고 해도 그것만으로 부자가 되는 것이 아닙니다. 열심히 일을 해야 하지만 하나님이 복을 부어 주셔야 합니다.

　하나님이 복을 부어 주셔야지 열심히 일만 한다고 되는 것이 아닙니다. 복을 받지 못한다면 고생만 할 뿐입니다.

아브라함은 십일조를 잘 했습니다. 전쟁에 나가서 승리하고 돌아올 때에도 하나님이 승리하게 해주셨다고 하면서 감사한 마음으로 십일조를 드렸습니다.

그로 인하여 아브라함은 큰 복을 받았습니다. 아브라함은 그 당시에 남의 나라에 가서 살았지만 부자로 살았습니다. 또한 십일조를 계승해 주었습니다.

야곱이 어린 나이에 외가에 가면서 하나님께 기도를 드립니다.

"하나님, 제가 건강한 모습으로 돌아오면 제 모든 소득의 십분의 일을 드리겠습니다."

그래서 야곱도 부자로 살았습니다.

히스기야 왕은 백성들이 가난하게 사는 이유가 하나님의 말씀에 순종하지 않고 십일조를 드리지 않기 때문이라고 생각했습니다. 그래서 왕이 명령을 합니다. 이스라엘 백성은 왕의 명령에 따라 곡식과 포도주와 기름과 꿀과 밭의 모든 소산의 첫 열매를 풍성히 드렸고 또 모든 것의 십일조를 바쳤습니다. 유다 여러 성읍에 사는 이스라엘과 유다 자손들도 소와 양의 십일조를 가져왔습니다.

📖 "사독의 족속 대제사장 아사랴가 그에게 대답하여 이르되 백성이 예물을 여호와의 전에 드리기 시작함으로부터 우리가 만족하게 먹었으나 남은 것이 많으니 이는 여호와께서 그의 백성에게 복을 주셨음이라 그 남은 것이 이렇게 많이 쌓였나이다"(대하 31:10).

이 말씀은 십일조를 드릴 때부터 복을 부어 주시므로 얼마나 먹을 것이 쌓였던지 남은 것이 있는데 또 새것이 들어오고 또 새것이 들어왔다는 말씀입니다.

1. 차고 넘치게 하십니다(저축하게 하신다)

📖 "네 재물과 네 소산물의 처음 익은 열매로 여호와를 공경하라 그리하면 네 창고가 가득히 차고 네 포도즙 틀에 새 포도즙이 넘치리라"(잠 3:9~10).

재물과 소산물의 처음 익은 열매를 가지고 하나님을 공경하라고 했습니다.

십일조를 드리면 우리의 창고가 가득히 찬다고 했습니다. 창고는 지금 당장 쓰는 물건을 넣는 곳이 아닙니다. 남은 물건을 넣는 곳이 창고입니다. 즉 하나님께서 복을 주시니 저축을 할 수 있다는 것입니다. 하나님이 복을 부어 주시면 저축이 되어 차고 넘친다는 것입니다.

"네 포도즙 틀에 새 포도즙이 넘치리라" 는 것은 늘 새것을 먹고 좋은 것을 먹는다는 뜻입니다. 하나님은 약속을 따라 좋은 것을 주기를 원하시는데 사람이 인색하여 받지 못합니다. 십일조는 넘치는 복을 받는 하나님의 약속입니다.

십일조는 은혜를 넘치도록 주시는 부요하고 풍성하신 하나님을 체험할 수 있게 합니다. 하나님은 우리에게 모든 것을 주시지만 최소한의 것을 요구하십니다.

2. 하늘 문을 열어 줍니다

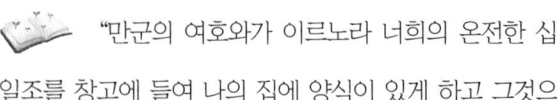 "만군의 여호와가 이르노라 너희의 온전한 십일조를 창고에 들여 나의 집에 양식이 있게 하고 그것으

로 나를 시험하여 내가 하늘 문을 열고……"(말 3:10).

하나님의 주권을 고백하는 사람들에게는 언제나 하늘 문이 열리게끔 되어 있습니다.

베드로가 예수님께 "주는 그리스도시요, 살아 계신 하나님의 아들이시니이다"라고 고백할 때 예수님께서 "천국 열쇠를 너에게 주겠다"고 하셨습니다.

믿음은 하늘 문을 열게 합니다. 십일조를 드림으로 말미암아 하늘 보화 창고를 열게 되어 있습니다.

창세기 7장 11~12절에서 같은 표현을 사용하고 있습니다. 이것은 말라기 3장을 설명해 줍니다.

> "노아가 육백 세 되던 해 둘째 달 곧 그 달 열이렛날이라 그날에 큰 깊음의 샘들이 터지며 하늘의 창문들이 열려 사십 주야를 비가 땅에 쏟아졌더라."

창세기 7장에서 홍수의 심판과 연결하여 사용된 표현과 말라기 3장에서 십일조를 드리며 하나님을 공경하는 사람들에게 약속하시는 복과 연결하여 사용된 표현이 같습니다. 다른 말로 "하늘 문을 열고"라는 표현은 풍성하게 쏟아 부어 주시는 것을 뜻합니다.

하나님이 기뻐하시는 것을 위한 나의 믿음의 표현을 십일조로 하는 것입니다.

수학을 동원하지 마십시오. 액수를 따지지 마십시오. 십일조도 거룩한 산 제사이며 예배입니다.

하늘 문이 열립니다. 경기가 어려울수록 하나님께 복을 받아야 합니다. 사람의 힘으로 하는 것이 아닙니다. 사람의 능력으로 하는 것도 아닙니다.

하나님이 문을 여시면 닫을 사람이 없습니다. 하나님이 닫으시면 열 사람도 없습니다.

하나님이 복을 주셔야 합니다. 비결은 십일조입니다.

3. 보호를 받게 됩니다

 "만군의 여호와가 이르노라 내가 너희를 위하

여 메뚜기를 금하여 너희 토지 소산을 먹어 없애지 못하게 하며 너희 밭의 포도나무 열매가 기한 전에 떨어지지 않게 하리니 너희 땅이 아름다워지므로 모든 이방인들이 너희를 복되다 하리라 만군의 여호와의 말이니라"(말 3:11~12).

하나님의 보호를 받는다는 것은 그 어떤 축복보다도 귀한 것입니다.

1) 황충(메뚜기)이 금해진다고 했습니다.

농사를 열심히 지었는데 황충이 생겨 농사를 망칩니다. 사업을 열심히 했는데 회사에 황충이 생겨 망합니다. 어떤 가정은 행복한 결혼을 시작했는데 애정 생활에 황충이 생겨서 가정이 파탄에 이릅니다. 어떤 사람은 건강하게 살았는데 건강에 황충이 생겨 질병으로 고생을 합니다.

그러나 하나님께서는 십일조를 드리는 사람에게는 황충을 막아주신다고 했습니다.

2) 기한 전에 떨어지지 않게 해주겠다고 하셨습니다.

기한 전에 떨어지는 열매가 얼마나 많습니까?

어떤 사람은 사업이 잘 되어 계속 키웠는데 십일조를 정직하게 하지 않았습니다. 기한 전에 떨어지는 나무처럼 일이 될 만한 때 부도가 나서 망했습니다. 공장을 다 지어 놓고 부도가 났습니다.

열심히 수고하여 사업이 성공할 즈음 목숨을 잃어버린다면 기한 전에 떨어지는 열매입니다. 폭풍우로 말미암아 기한 전에 수확이 줄어드는 것도 마찬가지입니다.

"네가 여자와 약혼하였으나 다른 사람이 그 여자와 같이 동침할 것이요 집을 건축하였으나 거기에 거주하지 못할 것이요 포도원을 심었으나 네가 그 열매를 따지 못할 것이며 네 소를 네 목전에서 잡았으나 네가 먹지 못할 것이며"(신 28:30~31).

기한 전에 떨어지는 열매에 대해 말씀하고 있습니다. 이와 같이 될 듯하다가 넘어지는 사람들이 얼마나 많습니까?

그러나 하나님은 십일조를 드리는 사람을 보호하십니다. 기한 전에 열매가 떨어지지 않도록 돕겠다고 약속했습니다. 천지가 없어져도 하나님의 말씀은 일점 일획도 떨어지지 않는다고 하였습니다(마 5:18).

CHAPTER 06

십일조의 축복을 누린 사람들

세계적인 부자 중에 기독교인이 상당히 많습니다.

미국의 스탠더드 석유회사를 창립한 석유왕 존 록펠러, 카네기 강철 회사를 세운 강철왕 앤드류 카네기, 백화점 왕이라 불리는 존 워너메이커, 포드 자동차 회사를 세운 자동차왕 헨리 포드, 맥도널드 창립자 레이 크록, 월마트 창립자 샘 월튼, KFC 창립자 커널 샌더스, 코카콜라 창립자 아서 캔들러 등 역사에 기록될 만한 세계적인 부자들 중 신실한 기독교인들이 참 많습니다.

그중에서 미국의 존 록펠러는 십일조를 충실히 순종하여

석유왕이 되었고 카네기도 십일조를 충실히 드려서 강철왕이 되었으며 또 비누와 치약으로 유명한 콜게이트도 최초의 수입에서 정확한 십일조를 드렸습니다.

1. 석유왕 존 록펠러(John Davision Rockefeller)

록펠러는 가난한 행상의 아들로 태어난 아주 평범한 소년이었습니다. 그는 특별히 잘하는 것도 없었고, 머리가 좋다는 소리도 못 듣고 자랐습니다.

그런데 다행인 것은 그의 어머니는 그를 기독교 신앙으로 잘 키웠습니다. 어렸을 때부터 그의 어머니는 십일조 정신을 철저히 가르쳤다고 합니다. 그래서 아예 주머니를 두 개 만들어 주고 오른쪽에는 언제든지 십일조를 챙겨 넣도록 했습니다.

그가 25세 때 미국의 클리브랜드에다 정유소를 하나 세웁니다. 그때부터 그는 석유사업에 전심전력을 다했습니다. 그는 32세에 자본금 100만 달러로 오하이오 석유회사를 설

립하게 됩니다. 그리고 드디어 44세에 미국 석유산업의 90%를 장악하는 석유왕이 됩니다.

록펠러는 인류가 자본주의 시대를 맞이한 이래 가장 많은 돈을 벌어들인 세계 최고의 부자입니다.

록펠러의 어린 시절과 관련해서 '어머니와의 세 가지 약속'이라는 유명한 일화가 있습니다. 이 일화는 그가 대사업가로 성공한 뒤 발표한 자서전에서 고백한 것인데, 자신의 성공 비결로 어렸을 때 어머니와 한 세 가지 약속을 평생 동안 지킨 것을 꼽았습니다.

그 세 가지는 다음과 같습니다.

1) 십일조 생활을 해야 한다.

어머니는 어려서부터 나를 교회에 데리고 다녔습니다. 나는 용돈을 20센트씩 받았는데, 그때마다 어머니는 십일조 헌금을 해야 한다면서 십일조 습관을 가르쳐 주셨습니다.

나는 사업에 대한 모든 비전을 기도 중에 얻었고 십일조를 드렸습니다. 내가 만일 그때 어머니에게서 그런 교육을 받지 않았다면 나중에 백만 불을 벌었을 때에 십만 불이라는 십일조를 드리지 못했을 것입니다.

하지만 나는 어머니에게 철저한 십일조 교육을 받았기 때문에 나중에 세계 최고의 부자가 되어 엄청난 돈을 벌 때도 변함없이 십일조를 정확하게 드릴 수 있었습니다.

2) 교회에 가면 맨 앞자리에 앉아 예배를 드린다.

어머니는 언제나 어린 나를 데리고 40분쯤 일찍 교회에 나와서 맨 앞자리에 앉아 예배를 드렸습니다. 어머니는 맨 앞자리를 가장 큰 축복의 자리로 생각하신 것입니다.

3) 교회일에 순종하고 목사님의 마음을 아프게 하지 않는다.

나는 조금 마음에 안 드는 일이 있어도 늘 목사님의 말씀을 따랐고, 무슨 일이든 교회에서 정한 것에 대해서는 불

평하지 않고 항상 순종한다는 원칙을 지켜왔습니다
나는 어머니의 말씀에 따라 하나님께 많은 물질을 드리면서 20년, 30년 후에 그것이 반드시 어마어마한 결실을 맺는다는 것을 확인할 수 있었습니다. 이런 하나님의 경제학을 나는 철저히 내 어머니에게서 배웠습니다.
《십일조의 비밀을 안 최고의 부자 록펠러 중》

그는 학교에 들어가기 전부터 어머니의 가르침에 따라 98세로 세상을 떠날 때까지 한 번도 빠짐없이 수입의 십분의 일을 헌금으로 하나님께 드렸다고 합니다.

2. 윌리엄 콜게이트 - 콜게이트 치약

한 불행한 영국 소년이 있었습니다. 그의 가정은 항상 중환자실 같았습니다. 아버지는 중풍으로 몸을 움직일 수 없었습니다. 어머니는 폐결핵으로 심한 기침을 해댔습니다. 소년은 이런 절망적 상황에서도 희망을 버리지 않았습니다.

그는 꿈을 실현하기 위해 무작정 뉴욕으로 가는 배를 탔습니다. 삶을 찾아 집을 소년은 미국으로 가던 도중 선장에게 들키고 말았습니다.

보따리 하나를 걸머진 소년을 보고 그 노인은 놀란 표정으로 "어디로 가느냐?"고 물었습니다. 윌리엄은 울먹이면서 말했습니다.

"그냥 나왔어요. 아버지가 나를 더 돌봐 줄 수가 없으니 나가서 살라고 하셔서 나왔을 뿐이에요. 저를 미국으로 데려가 주십시오. 세계적인 부호가 되어 조국에 보답하겠습니다."

선장은 윌리엄을 끌어안고 간절히 기도하였습니다. 그리고 선장은 그를 양자로 삼았습니다.

그리고 난 뒤에 다음과 같은 충고를 하였습니다.

"먼저 그리스도께 네 마음 전체를 드려라. 그리고 네 소득에서 정확한 십일조를 바쳐라. 또한 물건을 만들어 팔 때에는 정확한 함량을 써라."

선장이 늙어 병들자 소년은 배를 팔아 조그만 비누 공장을 인수하게 되었고, 하나님의 계속적인 축복으로 그의 사업은 반창하게 되었습니다. 그래서 그의 사업은 비누 공장뿐 아니라 양초와 치약까지 만드는 공장으로까지 확장되었습니다. 콜게이트사는 세계에서 가장 큰 치약 회사로 성장했습니다.

이 소년이 바로 '콜게이트 치약'을 만든 윌리엄 콜게이트(William Colgate)입니다.

그의 경영철학은 '철저한 십일조'였습니다. 오늘날 콜게이트 치약은 연간 매출액이 수백억 달러에 달하며 박사급 연구원만 2천 명 가까이 된다고 합니다. 온전한 십일조는 최고의 인생 자산입니다. 콜 케이트는 노인 선장의 말을 꼭 기억하였습니다.

3. 강철왕 카네기 - 어머니와 세 가지 약속

미국의 강철왕 카네기는 매우 가난한 어린 시절을 보냈습니다.

그는 스코틀랜드에서 태어났는데 아버지의 사업 부진으

로 가족이 스코틀랜드에서 미국으로 이민을 가게 되었고 이민을 간 다음에도 그의 아버지는 책상보를 만들어 집집마다 돌아다니며 행상을 하였으나 생계가 좋지 않았습니다. 이것을 보며 자라나던 카네기는 22세가 되던 어느 날 어머니에게 다음과 같은 서약을 했다고 합니다.

"어머님! 저는 어머님이 세상을 떠나시기 전에는 절대로 결혼하지 않겠습니다. 반드시 돈을 많이 벌어 고생하신 어머님에게 비단옷 한 벌 사 드리고, 집 안에서 일하는 하인들도 많이 두고, 어머님이 타실 마차도 사 드리겠습니다."

이렇게 어머니와 약속을 하고는 그것을 이루기 위하여 카네기는 세 가지에 열심을 냈습니다.

첫째는 신앙생활에 열심을 냈습니다. 주일성수와 십일조 생활을 했습니다. 둘째는 사업입니다. 정말 열심히 사업했습니다. 셋째는 어머니와의 약속 지키는 데 열심을 냈습니다. 그래서 그는 어머니에게 서약한 대로 어머니가 세상을 떠나기까지 30년 동안을 결혼하지 않고 있다가 52세가 되던 해에야 결혼했고, 그후 10년이 지난 62세가 되던 해에야 첫

자식을 보았습니다.

하지만 그는 정말 멋지게 살았고, 행복하게 살았습니다. 그 모든 것은 다 하나님을 경외하고, 어머니를 공경하였고, 하나님이 복 주서서 된 일이었습니다. 그래서 결국 그는 세계적인 강철왕이 되었고, 세계적인 갑부도 되었는데, 다 하나님의 말씀대로 되었고 하나님의 약속대로 된 것입니다.

4. 김광석 회장(참존 화장품)

예수를 믿고 이렇게 큰 복을 받은 사람이 또 어디 있을까요? 참존 화장품 김광석 회장을 두고 하는 말입니다.

한때 그는 서울 중구에서 피보약국을 운영하며 잘나가던 사업가였습니다. 그런 그가 자신이 제조한 약을 다른 약국에 판매한 죄로 벌금 8억 3000만 원을 선고 받아 도망다니다가 예수님을 영접하게 됩니다. 그후 자수를 하고, 빚더미 위에서 '참존'이라는 화장품 회사를 세웠습니다.

신앙생활의 초기부터 주변에 있던 두 분에게서 십일조에

대한 도전을 받게 됩니다.

그런데 그 당시 김 회장님은 적자투성이의 회사를 운영하고 있었고, 보건 범죄 단속법 위반으로 벌금 8억 3천만 원의 빚을 지고 있는 터였습니다. 그렇기 때문에 그는 이제 갓 교회 출석하기 시작한 사람으로서 이익이 남아야 십일조를 하지, 적자투성이의 회사 운영을 하는 사람에게 십일조는 가당치 않은 것이라 생각했습니다. 그러나 진실한 친구의 권면이어서 슬며시 한번 해볼까 하는 충동을 느끼던 차에 또 한 명의 지인을 통해 도전을 받습니다.

"김 사장님, 이제 그리스도인이 되셨으면 십일조를 하셔야 합니다. 사업하는 사람이 온전한 십일조를 드리기는 쉽지 않겠지만 한 번 십일조를 해보시지요."

그리고 그에게 말라기 3장 10절의 말씀을 줍니다.

"만군의 여호와가 이르노라 너희의 온전한 십일조를 창고에 들여 나의 집에 양식이 있게 하고 그것으로 나를 시험하여 내가 하늘 문을 열고 너희에게 복을 쌓을 곳이 없도록 붓지 아니하나 보라."

유난히 도전 의식이 강하고 승부사의 기질이 강한 그는 문자 그대로 하나님을 시험하고 싶었답니다. 그래서 그는 그 다음 주부터 매주 십일조를 드리기로 하고 십일조가 아닌 십이조를 드리면서 그의 간증집 《주가 쓰시겠다 하라》에도 나온 이런 기도를 드립니다.

"하나님, 제가 다음 주부터 십의 이조를 드리겠습니다. 제 사업이 어렵다는 것 주님이 더 잘 아시지요. 빚 갚고 직원 급여 주고 나면 남는 게 하나도 없는 것 하나님이 더 잘 아시지요. 그럼에도 불구하고 십의 이조를 드리겠습니다. 그 대신 저도 조건이 있습니다. 제가 십의 이조를 드리는 대신 다음 달부터 매출액의 두 배를 늘려 주셔야 합니다. 하나님, 저는 성격이 급합니다. 1년 후가 아니라 당장 다음 달에 증거를 보여 주셔야 합니다."

그 이후 놀라운 일이 벌어지기 시작합니다. 전국의 대리점과 외국에서부터 주문이 쇄도하기 시작했다고 합니다. 새로 개발한 제품이 빅 히트를 쳤고 공장은 24시간 가동하게 되었고 매출은 2배가 아닌 8배가 되었습니다. 1989년 12월

31일 모든 벌금을 다 내고 부채에서 자유해진 그날로 그의 인생은 BC와 AD처럼 새로운 분기점을 맞아 새처럼 날아오르게 되었다고 간증합니다. 그는 또 이렇게 고백합니다.

"저는 사업을 하면서 깨달은 것이 있습니다. 바로 십일조의 역사죠."

김 회장님은 만나는 사람마다 '십일조 축복론'을 강의합니다. 그는 자신을 찾아오는 기업인들에게 이렇게 말합니다.

"사업 성공의 3대 비결이 있습니다. 첫째는 온전한 십일조입니다. 사업하는 사람은 십일조를 드리기가 쉽지 않습니다. 그러므로 매주 십일조를 드리십시오. 둘째는 새벽기도입니다. 하나님께서는 미명에 지혜를 주십니다. 셋째는 청지기 정신입니다. 하나님이 주인이고, 나는 CEO일 뿐입니다. 이런 마음으로 사업을 하면 스트레스를 훨씬 덜 받습니다."

CHAPTER 07

이 시대에도
    십일조를 해야 하는가?

우주 만물의 주인은 그것을 창조하신 하나님이라는 사실을 깨달아야 합니다.

"하늘과 모든 하늘의 하늘과 땅과 그 위의 만물은 본래 네 하나님 여호와께 속한 것이로되"(신 10:14).

인간에게는 그것을 관리하는 청지기의 사명이 주어졌을 뿐입니다(창 1:28). 따라서 우리가 현재 소유하고 있는 소유물은 사는 동안 잠시 맡겨진 것이지 영원히 우리의 것이 아닙니다.

우리는 이 물질들을 하나님의 뜻에 맞게 사용할 의무가 있습니다(고전 4:2).

우리의 노력만으로 거둔 것처럼 보이는 수확도 조금만 생각해 보면, 하나님의 은혜로 이루어진 것임을 알 수 있습니다(빌 4:19).

하나님께서 태양, 물, 공기를 창조하시지 않았더라면 어떻게 곡식과 과일이 맺히겠습니까?

또 우리가 벌어들인 소득이 하나님께서 우리에게 건강과 지혜, 지식 등의 능력을 주셔서 노동을 통해 얻게 하신 것입니다.

"네 하나님 여호와를 기억하라 그가 네게 재물 얻을 능력을 주셨음이라 이같이 하심은 네 조상들에게 맹세하신 언약을 오늘과 같이 이루려 하심이니라"(신 8:18).

근본적으로 생각해 보면, 우리가 얻은 수입에 대해서 하나님께 감사하지 않을 수가 없고, 그 수입의 일부를 하나님의 영광을 위하여 사용하는 것은 아까울 수가 없습니다. 왜냐하면 우리의 것을 하나님께 드리는 것이 아니기 때문입니다.

따라서 십일조 헌금은 구약 시대나 신약 시대의 구별이 없이 오늘날에도 그 정신이 지켜져야 합니다.

현재는 율법의 시대가 아니라 은혜의 시대이기 때문에 십일조 헌금을 할 필요가 없다고 말하는 사람이 있습니다. 십일조 헌금에 담겨 있는 깊은 의미를 생각지 않은 것입니다.

오히려 우리는 구약 시대처럼 율법적인 의무감으로 할 것이 아니라, 우리를 창조하시고 구원해 주신 하나님께 감사하는 마음으로 10분의 1이 아닌, 그 이상도 하나님께 드릴 수 있어야 합니다.

우리에게 소중한 것을 아낌없이 하나님께 드리는 십일조 헌금 생활을 하면, 우리를 노예로 만든 물질로부터 해방되어, 하나님의 청지기로서 오히려 물질을 다스리는 기쁨을 맛볼 수 있을 것입니다.

뿐만 아니라 우리가 하나님의 영광을 위해서 물질을 사용할 경우, 우주 만물의 주관자이신 하나님께서 우리에게 주시는 복도 누릴 수 있게 됩니다.

CHAPTER 08

십일조는 이 시대의 선악과요 종자다!

　많은 사람들은 선악과가 저주의 나무라고 생각합니다. 그러나 선악과는 생명의 나무요 축복의 열매입니다. 창세기를 잘 연구해 보면 선악과는 오히려 축복의 나무였습니다. 많은 나무들이 있었습니다만 수많은 나무들 가운데 선악과만 메시지를 가진 말씀을 가진 나무였습니다. 다른 나무의 열매는 아무리 따먹어도 괜찮았습니다.

　선악과는 소중히 지켜야 하는데, 그 이유는 이것이 종자와 같기 때문입니다. 종자는 먹고 싶어도 먹지 않고 잘 보관해야 합니다. 아무리 먹을 것이 없어도 종자는 먹지 않습니다. 종자가 없으면 다음 해에 열매를 얻을 수 없기 때문입니다. 종자를 먹으면 그 다음 해는 기약이 없기 때문입니다.

메이플라워 호를 타고 아메리카 대륙을 향해 가던 청교도들이 마지막에 사랑하는 자식이 굶어 죽어 가는데도 종자를 저들에게 먹이지 않았습니다. 날고기를 잡아 먹으면서도 종자를 없애지 않았습니다. 그 이유는 대륙에 가서 씨를 뿌려야 하기 때문이었습니다.

이것만큼은 소중히 지켜야 하는 것이었습니다. 축복의 종자였습니다. 은혜의 종자였습니다. 내 삶과 내 생명의 종자였기 때문이었습니다. 이것을 소중히 잘 지키면 은혜가 되고 축복이 되지만, 이것을 따먹고 나면 저주가 됩니다. 그래서 선악과는 없어서는 안 되는 아주 중요한 의미를 가지고 있는 축복의 도구가 됩니다.

오늘 우리에게도 십일조는 이 시대의 선악과입니다. 먹고 싶다고 내가 임으로 사용해서는 안 됩니다. 십일조는 이 시대의 종자입니다.

CHAPTER 09

십일조
교인의 유형

  십일조는 여러 가지 동기에서 바칠 수 있습니다. 마지못해서 드리든지, 감사함으로 드리든지, 기복적인 동기로 드리기도 합니다.

1. 마지못해서 드리는 부류

1) 억지로 내는 십일조

  억지로 내는 십일조가 있습니다. 이러한 사람들에게 하나님께서는 말씀을 제시해 주셨습니다.

"각각 그 마음에 정한 대로 할 것이요 인색함으로나 억지로 하지 말지니 하나님을 즐겨 내는 자를 사랑 하시느니라"(고후 9:7).

"눈가림만 하여 사람을 기쁘게 하는 자처럼 하지 말고 그리스도의 종들처럼 마음으로 하나님의 뜻을 행하고 기쁨 마음으로 섬기기를 주께 하듯 하고 사람들에게 하듯 하지 말라"(엡 6:6~7).

"오직 너희는 믿음과 말과 지식과 모든 건절함과 우리를 사랑하는 이 모든 일에 풍성한 것같이 이 은혜에도 풍성하게 할지니라"(고후 8:7).

그러나 성도들 중에서도 모든 일에서 하나님의 축복을 받고 있으면서도 십일조를 함에 있어서 항상 아까운 마음으로 억지로 내는 자세로 하고 있는 사람들이 많습니다.

2) 하나님의 저주가 두려워 내는 십일조

십일조를 안 하면 하나님이 저주하실까봐 두려워서 내는 사람들이 있습니다. 그런 동기는 즐거움으로 내는 것이 아닙니다. 그러나 하나님께서 십일조와 관계하고 계신다는 사실을 믿는 것은 칭찬할 수 있습니다. 또 하나님께서 우리가 십일조를 내지 않는 일을 행할 때 저주를 받는다는 것을 믿는다는 데에서도 칭찬할 만합니다.

그러나 두려움은 결코 성경에서 제시하는 동기가 될 수 없습니다. 하나님의 저주가 두려워서 십일조를 한다면 하나님께 '착취자'라는 오명을 씌워 드리는 결과를 초래할 것이며, 십일조를 하기 싫어하는 사람에게 겁을 주어서 강제로 하게 만드는 나쁜 하나님이 되어 버리는 것으로 이것 역시 옳지 않은 동기입니다.

3) 기분대로 내는 십일조

자기 기분대로 내는 십일조가 있습니다. 이런 사람은 사전에 준비한다거나 작정해서 내는 것이 아니라 기분과 상황에 따라 적당히 내는 사람입니다. 지난 주간, 지난 달의 수입 여하를 막론하고 자기 기분대로 내는 십일조에 대해서 과연 하나님은 인정하시겠습니까?

고린도후서 9장 7절의 "마음에 정한 대로"나, 고린도전서 16장 1~2절의 "매주일 첫날에 얻은 대로"나, 잠언 3장 9~10절의 "네 재물과 네 소실물의 처음 익은 열매로"라는 말씀에 비추어 본다면 기분대로 내는 십일조가 얼마나 잘못된 것이라는 점을 알 수 있습니다.

4) 나머지로 내는 십일조

어떤 성도는 세상에서 쓸 것 다 쓰고 그 나머지로 십일조를 뗍니다. 즉 쓸 것 다 쓰고 남은 찌꺼기로, 또는 그 찌꺼기 중에서도 일부를 떼어 십일조를 하나님께 드리는데 이것을 과연 하나님께서 기뻐 받으시겠습니까?

마태복음 6장 33절에 "너희는 먼저 그의 나라와 그의 의를 구하라 그리하면 이 모든 것을 너희에게 더하시리라"고 했고, 잠언 3장 9절에 "처음 익은 열매로 여호와를 공경하라"고 하신 말씀에 어긋나는 것입니다.

5) 눈치로 내는 십일조

체면 위주의 헌금입니다. 교회에서 어떤 필요한 사업에 대해서 논의할 때 듣는 소리들 중에 '나도 다른 사람만큼은 내겠다'는 사람이 있습니다. 굉장히 믿음 있는 사람의 소리 같으나 그릇된 소치입니다. 사람에게는 각자 받은 달란트가 있습니다. 그 달란트를 활용하여 얻어지는 물질은 같을 수가 없습니다. 그러므로 '나도 다른 사람의 헌금만큼 내겠다' 식의 체면 헌금은 잘못된 헌금입니다.

2. 복을 바라고 내는 십일조

1) 하나님께서 주실 복을 바라고 내는 십일조

사도 바울이 마지못해서가 아니라 즐거함으로 십일조를 드리라고 한 말씀에는 복의 말씀이 포함되어 있습니다.

"각각 그 마음에 정한대로 할 것이요 인색함으로나 억지로 하지 말지니 하나님을 즐겨 내는 자를 사랑하시느니라 하나님이 능히 모든 은혜를 너희에게 넘치게 하시나니 이는 너희로 모든 일에 항상 모든 것이 넉넉하여 모든 착한 일을 넘치게 하게 하려 하심이라"(고후 9:7~8).

"만군의 여호와가 이르노라 너희의 온전한 십일조를 창고에 들여 나의 집에 양식이 있게 하고 그것으로 나를 시험하여 내가 하늘 문을 열고 너희에게 복을 쌓을 곳이 없도록 붓지 아니하나 보라"(말 3:10).

이 축복의 약속은 우리가 십일조에 대해서 분발케 해주는 위로의 말씀입니다. 그러나 하나님께 뇌물 드리는 심정으로 주고 받는 십일조와 복의 관계가 된다면 안 됩니다. 복을 바라고 내는 십일조의 동기는 오류에 빠질 위험이 있으니 조심해야 합니다.

2) 교회를 존속시킬 목적으로 드리는 십일조

한 마디로 밀린 외상값 갚는 심정으로 드리는 태도와 같습니다.

사실 어떤 경우에서는 성도가 드린 십일조는 교회의 운영을 이어가는 원동력이 되기도 합니다. 이런 경우에는 그 성도가 그 교회의 절대적인 역할을 하기 때문에 제법 의로워진 듯한 마음을 갖기 쉽습니다. 즉 이럴 때 파선되어가는 배를 우리 손으로 구조하고 있다는 마음으로 드리는 십일조를 드릴 수 있습니다.

그러나 이것 역시도 예수님께서 친히 죽음을 통하여 세워주신 교회의 참된 의미를 생각하다면 부끄러운 태도입니다.

또 이런 사람의 '교회가 나를 만나서 도움을 받고 있다'는 태도가 어찌 기쁨으로 드리는 십일조가 될 수 있겠습니까?

3. 하나님의 영광을 위해 드리는 십일조

이런 동기의 심정으로 드리는 십일조는 최상의 수준의 십일조입니다. 십일조는 하나님의 것이니 하나님께 드린다는 것이요, 십일조를 드리는 일이 올바른 일이기에 십일조를 드린다는 자세입니다. 마치 축복에는 아랑곳하지 아니한 듯이 말입니다. 이런 사람은 누가복음 17장 10절의 "우리는 무익한 종이라 우리가 하여야 할 일을 한 것뿐이라"는 마음을 갖고 십일조를 합니다.

십일조는 우리가 놓칠 뻔한 그리스도 안에서의 여러 가지 복들을 챙겨 줍니다.

어떤 사람은 말하기를 십일조를 드림으로써 다섯 번 놀랐다고 했습니다.

첫째로는 십일조를 냄으로써 자기의 신앙이 더욱 확고해지고, 둘째로는 십일조를 낸 나머지를 가지고도 생활이 넉넉히 꾸려지니 놀랐고, 셋째로 하나님의 사업을 위해서 내가 그렇게 많은 돈을 낼 수 있다는 숨은 능력에 놀랐고, 넷째로는 십일조를 내고 나머지 십의 구를 더욱 믿음으로 지혜 있고 규모 있게 쓸 수 있다는 생활 태도를 터득해 놀랐고, 다섯째는 이런 축복을 진작부터 모르고 지금까지 십일조를 내지 못한 자신의 어리석음을 깨닫고 나니 놀랐다고 했습니다.

CHAPTER 10

십일조에 조건을 걸지 말고 하라

　십일조를 드리는 사람의 마음은 그 수만큼이나 여러 가지입니다. 대부분의 사람들은 물질의 복과 형통함을 기대하며 드리고 있습니다. 어떤 사람은 드리지 않는다면 혹시 하나님의 저주가 임할까봐 두려움에 휩싸여 드리기도 합니다.

　혹은 오랫동안 해온 종교적인 관행이기에 습관대로 드리기도 합니다. 그 외에도 직책이나 직분의 책임감, 주변의 시선이 따가워 드리거나, 목회자의 기대와 강요에 못 이겨 드리는 사람도 있습니다. 물론 하나님의 은혜와 사랑에 감사하여 드리는 사람도 있습니다.

이처럼 각기 다른 생각으로 드리고 있지만 공통적인 것은 하나님께서 기쁘게 보시고 하나님의 축복이 임하기를 기대하는 마음입니다.

그러면 어떤 자세로 드려야 하겠습니까?

1. 조건 없는 선물로 드리십시오

똑같은 상품이라도 주는 이의 마음과 목적에 따라 선물과 뇌물로 나누어집니다. 뇌물은 거래의 성격을 띠고 있어서 받은 이가 받은 만큼 무엇인가를 해줘야 합니다. 그래서 이권이 걸린 청탁으로 뇌물을 주게 되며 값비싼 명품과 더불어 골프 접대나 해외여행 등의 다양한 방법이 동원되기도 합니다.

반면에 선물은 특별한 날에 고마운 마음이나 축하하는 마음을 담아서 드리는 것을 말합니다.

뇌물은 받는 사람이나 주는 사람 모두 즐겁거나 평안하지 못하고 부담을 느끼는 반면에 선물은 대가성이 없기 때문에 주는 사람도 즐겁고 받는 사람도 기쁘게 마련입니다.

그래서 아름다운 마음은 대가도 바라지 않고 조건도 없습니다.

> "너희가 받기를 바라고 사람들에게 꾸어 주면 칭찬 받을 것이 무엇이냐 죄인들도 그만큼 받고자 하여 죄인에게 꾸어 주느니라 오직 너희는 원수를 사랑하고 선대하며 아무것도 바라지 말고 꾸어 주라 그리하면 너희 상이 클 것이요 또 지극히 높으신 이의 아들이 되리니 그는 은혜를 모르는 자와 악한 자에게도 인자하시니라"(눅 6:34~35).

가끔씩 신문에서 '얼굴 없는 천사' 라는 제목을 봅니다. 이와 같이 자신의 신분을 드러내지 않고 박봉을 털어서라도 오랫동안 불우한 이웃을 돕는 사람들에게 박수를 보내는 것은, 그들이 선행에 대한 칭찬을 바라지 않는 순수한 마음을 가졌기 때문입니다. 그것은 그 자체만으로도 훈훈한 감동을 줍니다.

마찬가지로 십일조를 드리는 행위에도 어떤 조건을 달아서는 안 됩니다. 감사하는 마음으로 드리면 하나님께서 기쁘게 받으십니다.

2. 감사함으로 하십시오.

우리의 심장이 뛰는 것도 하나님의 은혜입니다. 내가 직장을 다니는 것이나 내가 사업을 하는 것도 다 하나님의 은혜입니다. 전부 다 하나님이 주신 것입니다. 하나님이 주신 것인 줄 알고 십분의 일을 드리는 것입니다.

십분의 일을 드릴 때 "너는 믿음으로 순종하려고 하는구나. 물질을 기꺼이 포기할 줄도 아는구나. 나를 사랑해서 네가 그렇게 하는구나" 하고 하나님은 생각하십니다. 우리가 하나님의 시험에 합격하면, 즉 십일조를 드리면 하나님께서는 복을 부어 주십니다.

경기가 어렵습니까? 어려울수록 하나님 아버지 앞에 복을 받아야 합니다. 사람의 힘으로 하는 것이 아닙니다. 사람의 능력으로 하는 것도 아닙니다. 하나님이 문을 여시면 닫을 사람이 없습니다. 한 번 닫으시면 열 사람도 없습니다. 하나님이 복을 부어 주셔야 합니다.

하나님께서 물질을 얻게 하는 능력을 주셨습니다. 십일조는 자기가 수고하여 재물을 얻었으나 그 모든 것을 하나님이 얻게 해주심으로 얻었음을 인정하는 표시입니다.

그러나 사람들은 그렇게 생각하지 않습니다. 사람들이 재물을 어떻게 얻었다고 생각합니까? 모든 사람들은 자기가 일을 잘해서 얻었다고 생각하며 자기의 머리가 다른 사람보다 좋고 능력이 있어서 얻었다고 생각합니다. 그것은 잘못된 생각입니다. 성경은 그런 생각을 책망하고 있습니다.

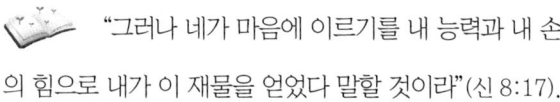 "그러나 네가 마음에 이르기를 내 능력과 내 손의 힘으로 내가 이 재물을 얻었다 말할 것이라"(신 8:17).

사람들은 돈을 벌게 되면 내 능과 내 손의 힘으로 재물을 얻었다고 생각합니다. 이것은 잘못된 생각입니다. 우리가 재물을 얻었다면 그것은 하나님께서 얻게 해주셨기 때문입니다.

"네 하나님 여호와를 기억하라 그가 네게 재물 얻을 능력을 주셨음이라 이같이 하심은 네 조상들에게 맹세하신 언약을 오늘과 같이 이루려 하심이니라"(신 8:18).

하나님께서 우리에게 재물 얻을 능력을 주셨기 때문에 우리가 재물을 얻은 것입니다. 그러므로 조건을 달지 말고 감사한 마음으로 십일조를 드려야 합니다.

십일조를 '복을 받기 위해서 한다'는 사람이 있는데 그러한 생각은 바꿔야 합니다. 어떻게 바꿔야 합니까?

십일조는 하나님의 것이므로 하나님께 돌리는 것뿐이라는 확고한 생각을 가져야 합니다. 물론 우리가 그러한 생각으로 드렸다 할지라도 하나님께서 약속했기 때문에 십일조를 정확하게 드리는 사람들에게 복을 주십니다.

그렇지만 우리가 복을 전제로 십일조를 드려서는 절대로 안 됩니다. 십일조는 하나님의 것이므로 하나님께 드리는 것입니다.

CHAPTER 11

하나님의 인도함을 받아라!

우리는 '하나님으로부터 인도를 받을 것인가? 아니면 하나님의 인도를 받지 못할 것인가'를 선택해야 합니다.

사람들은 자신의 가정과 식구들을 돌보는 것은 의무라고 생각합니다. 맞는 말입니다. 성경 역시 그렇게 말씀하고 있습니다.

또한 자꾸 지출이 커지는 자신의 가정을 부양하기 위해 더 많은 돈을 벌어야 하는 것도 당연합니다.

그러나 그가 십일조 교인이 아니라면, 현재 그의 수입이 계속 유지될 것이라는 보증을 하나님으로부터 받을 수 없습니다. 그러나 십일조 교인은 최소한 하나님으로부터 그 보증을 받습니다.

어떤 사람은 "나는 십일조를 할 여유가 없습니다. 왜냐하면 내가 투자한 것이 점점 상황이 나쁘게 되어 가고 있기 때문입니다"라고 말할 수 있습니다. 그렇지만 만약 하나님의 것(십일조)을 계속 도둑질하면 더욱 나빠지는 일들을 만날 것이고, 하나님께서는 계속 인도하시지 않을 것입니다.

 "너희 곧 온 나라가 나의 것을 도둑질하였으므로 너희가 저주를 받았느니라"(말 3:9).

어떤 사람은 "나는 십일조를 안 냈어도 잘 산다. 저주받지 않았다"고 자랑합니다. 이 사람은 하늘에서 벼락이나 떨어져 다리가 부러지고, 부도가 나고, 큰 사고를 당하여야 저주인 줄 압니다.

그러나 하나님께서 그에게 관심을 갖지 않는 것이 저주입니다. 하나님께서 관심을 갖지 않으시면 다급할 때 아무리 불러도 소용이 없습니다.

하나님의 인도함을 받는 길을 택하십시오.

CHAPTER 12

십일조에 관련된
　　　질문과 대답(Q&A)

1. 십일조를 총수입에서 할 것인가? 아니면 순이익에서 할 것인가?

성경은 '소득의 십일조'라고 했습니다(눅 18:12). 또한 '온전한 십일조'라고 했습니다(말 3:10). 여기서 온전한 십일조란 과연 무엇을 의미하며 어떻게 적용해야 할까요?

자영업자나 월급생활자나 농업에 종사하는 사람이나 공통적으로 총수입(모든 세금 공제하기 전)에 대해서 십일조를 해야 되는가 아니면 순이익(모든 세금 공제한 후)에서 십일조를 드려야 하는가 그 문제는 의견이 분분합니다.

어떤 것을 선택하서도 큰 문제가 되지는 않지만 하나님은 인색하지 않게 드리는 자를 기뻐하십니다.

1) 월급 생활자

월급 받는 사람은 세금 등 각종 공제액을 제하고 난 순이익에서 십일조를 드리면 됩니다.

또한 수당이나 부수입 상여금 등도 하나님이 주신 수입이므로 이에 대해서도 십일조를 드려야 합니다.

2) 자영업자

자영업자는 일반 봉급 생활자처럼 급여가 없습니다. 또한 규모가 작은 자영업자는 생활비와 구분되지 않아서 정확한 수입조차도 알지 못하는 경우가 흔합니다.

그러므로 생활비와 사업의 경비는 따로 구분해서 관리해야 합니다. 자영업자의 십일조 계산은 귀찮더라도 장부에 기록하면서 평소 수입을 계산해 두어야 합니다.

일반적으로 매출액에서 원재료비나 관리비, 금융비용(이자), 종업원 봉급 등의 판매 경비를 제외하면 총수입이 생깁니다. 여기에서 법인세와 부가가치세 등의 세금을 제하면 순수익이 됩니다. 일반적으로 이 금액에서 십일조를 드리면 됩니다.

3) 농업 종사자

농사를 짓는 경우도 마찬가지입니다. 농사를 지어 얻은 소득에서 농사를 짓는 데 들어간 비용을 제하고 난 소득의 십일조를 드리면 됩니다.

물론 수확을 거둘 수 있게 해주신 하나님의 은혜에 감사하면서 총수입에서 십분의 일을 드리는 것은 더욱 아름다운 일입니다. 그런데 들어간 비용을 제하지 않고 소득에서 십일조를 드리면 때때로 농산물 가격의 변동이 심하여 적자를 보는 경우도 발생합니다. 적자를 본 경우에도 십일조를 드리려면 결국 빚을 얻는 결과를 초래합니다.

중요한 것은 십일조가 어떤 형식에 매여서 그 정신을 잃게 되어서는 안 된다는 것입니다.

2. 빚이 있어 어려운데도 십일조를 드려야 하는가?

재정의 악화로 십일조를 제대로 드리지 못할 상황에 처했다면 이자 부담이 상당한 경우가 대부분입니다. 이러한 때 나의 노력으로 애써도 해결하기란 쉽지 않을 것입니다.

예수님은 이 땅에 우리의 고통과 죄와 허물을 해결하려고 오셨습니다. 그러므로 재정적으로 어려운 때가 오면 하나님의 도우심을 기대하고 바라는 기회로 삼아야 합니다. 그리고 이것을 하나님과의 관계를 회복하는 기회로 생각해야 합니다.

비록 형편은 최악이지만 베드로가 믿음으로 호수에 그물을 내렸듯이 믿음으로 십일조를 드려야 하나님의 간섭하심을 경험할 수 있습니다.

또한 빚쟁이의 독촉이 있다고 하더라도 마땅히 하나님의 것을 먼저 하나님께로 돌리는 믿음의 실천을 해야 합니다.

그리고 빚더미에 앉아 있다면 그 빚을 갚기 위해서라도 십일조를 해야 합니다.

극단적으로 어려워 십일조를 드리지 못했을 경우 하나님은 그 사정을 아시고 재정이 회복되도록 도와 주실 것입니다.

3. 지금까지 하지 못한 십일조도 드려야 하는가?

몰라서 지금까지 십일조를 하지 못했다면 그 죄를 회개하고 이제부터 온전한 십일조 생활을 시작하십시오.

십일조는 하나님의 것이므로 하나님께 다시 돌려드리라는 이유는 하나님께서 십일조의 믿음을 통해서 하나님과 자녀와의 관계를 확인하고 싶어하시는 것입니다.

하나님께서 내지 못하고 지나쳤던 그 모든 밀린 십일조를 계산해서 갚으라고 하신다면 십일조뿐 아니라 우리의 과거에 저질렀던 불신앙도 용서하시지 않겠다는 것과 다를 바가 없을 것입니다.

성경은 "알지 못하던 시대에는 하나님이 간과하셨거니와"(행 17:30)라고 말씀하고 있습니다.

그러므로 잘 몰라서 지금까지 십일조를 드리지 못했다면 그 죄를 회개하고 이제부터 온전한 십일조 생활을 시작하십시오. 십일조를 드리는 것은 액수에 있는 것이 아니라 드리는 자세에 있는 것입니다.

그러나 이런 일이 상습적으로 반복된다면 하나님께서 우리의 악하고 연약한 믿음을 책망하실 것입니다.

4. 십일조의 액수가 너무 적은데도 드려야 하는가?

물론 드려야 합니다. 액수가 적다고 해서 부끄러울 것이 없습니다. 왜냐하면 십일조는 내 것이 아니고, 하나님의 것인 동시에 그것이 우리의 올바른 생각이고 행동이기 때문입니다. 액수의 많고 적음이 십일조 행위에는 아무런 상관이 없습니다.

적어도 성경은 이런 경우에 하나님께서는 그 외적인 액수보다는 그 내적인 중심을 보신다고 말합니다. 사람들이 자기 십일조 분량이 너무 적어서 부끄러움을 핑계삼아 십일조를 드리지 않는다면 그는 계속해서 빈 껍데기에만 매혹되어 살아가고 말 것입니다.

하나님은 중심을 보십니다. 또 사실을 보십니다. 적게 받았을 때 그 적은 것으로 십일조를 드리는 즐거움을 맛보지 못하는 사람은 많이 가졌을 때 더욱 십일조를 실천할 수가 없습니다.

5. 정규수입 이외에도 십일조를 드려야 하는가?

십일조는 수입의 10분의 1을 말합니다. 그렇다면 새로 생긴 수입인지 아니면 수입으로 이미 십일조를 드리고 난 후에 적립하였던 돈인지에 대해 생각해 보면 알 수 있습니다.

먼저 퇴직금은 회사에서 매달 주는 봉급 이외에 적립하였다면 새로운 수입일 것입니다. 그렇다면 십일조를 드려야 합니다. 그렇지 않고 퇴직금 적립을 위한 돈을 포함한 수입에서 십일조를 드렸다면 더 이상 수입이라고 볼 수가 없습니다.

적금은 이미 십일조를 한 뒤에 남은 돈으로 적립을 한 것이므로 새로운 수입이 아닙니다. 그러나 이자가 늘어났다면 이자 수입에 대한 십일조는 드려야 합니다.

전세금도 수입이기 이전에 보증금으로 받아둔 돈이고 전세를 빼줄 때는 다시 돌려 주어야 하는 돈이라면 수입이라고 볼 수가 없습니다.

보너스나 상여금은 새로운 수입이라고 보아야 합니다.

보험금은 치료에 대한 비용으로 나왔다면 수입이 아닙니다. 그러나 사망보험금으로 나왔다면 새로운 수입이라고 보아야 합니다.

모든 돈에 대해서 십일조를 드리는 원칙은 그것이 수입인가를 판단해 보고 결정하면 됩니다. 이미 십일조를 드린 것을 모아둔 돈이라면 새로운 수입이 아닙니다. 투자 수입도 새롭게 늘어난 부분만 수입이라고 보면 됩니다.

중요한 것은 정확한 십일조뿐 아니라 하나님께서는 넉넉하게 감사와 기쁨으로 드리는 믿음의 자세를 기뻐하신다는 것입니다.

6. 십일조를 교회 이외의 선교 단체나 기타 선교기관에 드려도 되는가?

성경이 기록되던 시대에는 성막이나 성전에 제사를 드리러 가서 십일조를 드리면 되었으므로 십일조를 드리는 장소에 대해서 고민이 없었습니다. 그러나 현대에는 교회도 많고 선교 단체를 포함한 기독교 단체도 많아서 한두 개 이상 소속되어 있는 분이 많이 계실 것입니다.

원리적인 면에서 십일조를 선교 단체에 드리는 것은 불가합니다.

어떤 경우든 십일조는 하나님의 것입니다. 그러므로 십일조는 하나님의 집으로 옮겨져야 합니다. 그리고 그 공적인 하나님의 집의 관리와 경영에 의하여 다시 선교 단체나, 복음운동의 여러 기관들로 전달되는 것이 원칙입니다.

십일조는 자신의 이름이 등록되어 있고 자신이 예배드리는 곳, 즉 자신이 영적으로 양육받는 교회에 드려야 합니다.

또한 재물이 있는 곳에 마음이 있다 하신 성경의 뜻을 생각해 본다면, 십일조를 드리는 교회에 정체성을 갖고 신앙생활을 안정되게 할 수 있습니다. 그래야 소속감을 가진 형제자매로서 교회 공동체를 온몸으로 느낄 수 있고 교회 사역자들도 자신의 양으로 여겨 더욱 힘써서 인도할 것입니다.

교회는 이 세상에서 축복의 기관입니다. 모든 축복의 은혜가 하나님의 성산인 교회로부터 주어집니다.

7. 십일조의 일부를 가지고 감사 헌금으로 드릴 수 있는가?

없습니다. 왜냐하면 십일조는 하나님의 것이지 자신의 것이 아니기 때문입니다. 그러므로 자신이 얻은 수입이라 할지라도 자신의 마음대로 십일조를 사용할 수 없습니다.

엄밀한 의미에서 십일조는 우리가 하나님께 드리는 헌물

이라 할 수 없고, 하나님의 것을 하나님께 돌리기 위해 구별하여 드리는 것에 불과합니다.

이러한 십일조와는 달리 헌물이라는 것은 하나님께서 우리에게 주신 것 중에서 우리가 기쁨으로 자원하여 감사와 헌신을 물질로써 표현하는 것입니다.

그러므로 십일조를 가지고 감사 헌금, 선교 헌금, 건축 헌금 등으로 나누어 드려서 안 됩니다.

또한 십일조를 드렸다고 해서 하나님께 헌물을 다했다고 생각해서도 안 됩니다.

8. 남편이 십일조를 반대할 때는 몰래 드려야 하는가?

하나님께서는 남자와 여자로 한 몸을 이루게 하여 가정 공동체를 만들어 주셨습니다. 그러므로 부부는 죽을 때까지 서로 의지하고 사랑하면서 살아가야 합니다. 돈의 사용도 부부가 협력하여 서로 상의하고 결정한 끝에 사용해야 됩니다.

만약 배우자의 한쪽이 믿지 않거나 믿음이 약하여 십일조에 대하여 부정적이라면 솔직하게 상의하고 결정하여 드려야 합니다. 그렇지 않고 숨기고 거짓말을 하여 드린다면 하나님께서는 기뻐 받으시지 않습니다.

물론 하나님은 안타까운 심정을 알고 계십니다. 어쩌면 배우자의 한쪽이 동의하지 않는데도 무리하게 십일조를 드리는 것보다는 시간을 가지고 배우자의 신앙이 따라오기를 섬기며 기도하는 것이 더 지혜로운 행동인지도 모릅니다.

신앙의 수준이 차이가 나거나 배우자의 한 쪽만이 교회에 나오는 가정은 이러한 갈등이 수면 아래에 도사리고 있으며 지혜롭게 다루지 않으면 가정이 무너지는 일도 일어날 수 있습니다.

9. 건전하지 못한 업종에 종사하면서 번 돈을 십일조 해도 되는가?

예를 들면 윤락 여성들이 자신의 소득에서 십일조를 해야 하는지를 해결하는 것은 쉬운 일이 아닙니다.

단순히 구약 성경에 나온 규범의 잣대로 딱 잘라서 '그런 것은 더러운 돈이니(신 23:18) 하나님께 드려서는 안 된다'고 단정할 수만은 없습니다. 왜냐하면 예수님께서도 창녀로 여겨지는 한 여인이 옥합을 깨뜨리고 눈물을 흘리며 나아왔을 때, 그녀를 받아 주시고 오히려 그녀의 죄까지 사해 주셨기 때문입니다.

그녀는 틀림없이 건전하지 못한 방법으로 돈을 벌어 옥합에 향유를 준비했을 것입니다. 그렇다면 그렇게 준비한 향유를 예수님께 붓는다는 그 차제가 혐오스럽게 느껴질 법한 일입니다.

그러나 예수님께서는 그런 것을 전혀 개의치 않으셨습니다. 오직 그녀가 예수님을 진심으로 사랑하고 자신의 죄를 사함 받고 싶어한다는 그 마음을 보시고 그녀를 받아 주신 것입니다.

돈 자체가 더럽거나 깨끗한 것이 아니라 하나님 앞에 어떤 마음으로 드리느냐가 더욱 중요한 것입니다. 물론 윤락여성들이 계속해서 그런 삶을 살아서는 안 됩니다.

10. 십일조를 드려도 왜 재정 문제가 풀리지 않나요?

중요한 것은 십일조를 드리는 자세의 문제입니다. 십일조를 드릴 때 하나님은 투자의 대상이 아니라 믿음의 대상입니다. 하나님이 우리의 공급자이심을 믿고 우리에게 주신 재물이 하나님에게서 온 것임을 인정하고 하나님의 명령대로 믿음으로 십일조를 드릴 때 하나님께서 기쁘게 받아주십니다.

또한 십일조는 모세의 율법이 있기 전부터 하나님께서 그의 자녀와의 관계를 확인하고 그 행위로 인해 복과 형통함을 베풀어 주셨는데 이것은 하나님의 복의 원리이자 정신 중의 하나입니다. 그러므로 십일조의 행위 이외에도 그의 삶의 자세가 하나님께 합당해야 합니다. 십일조를 드리는 손으로 속임, 거짓, 간음, 포악 등 하나님께서 싫어하시는 것을 동시에 행한다면 당연히 하나님의 복 주심을 기대할 수 없습니다.

그리고 중요한 것은 자신의 재물에 대한 태도입니다. 하나님께서 우리에게 주신 재물은 우리의 소유가 아니라 관리하도록 맡겨 주신 것으로 우리는 성실하고 정직한 청지기로서의 역할을 해야 할 것으로 기대하고 계십니다. 신용카드 등으로 충동구매나 절제하지 못한 태도로 비싼 물건을 생각 없이 구매하는 습관을 지니고 있다면 하나님께서 생각하실 때 밑 빠진 독으로 여기시고 관리자로서의 자질이나 자격에 의문을 가하실 것입니다. 그렇다면 우리의 생활에 필요한 것은 주시겠지만 풍성한 재물은 주시지 않을 것입니다.

결론적으로 십일조를 믿음으로 드리고 성실한 관리자의 태도로 항상 하나님이 기뻐하시는 의의 열매를 쌓는 삶을 살아갈 때 하늘의 문을 여시고 삶에 형통함으로 채워 주실 것입니다.

맺는 말

 십일조는 해도 되고 안 해도 되는 것이 아닙니다. 그리스도인이라면 누구나 반드시 해야만 합니다. 그 이유는 십일조가 하나님의 것이기 때문입니다.

 우리가 하나님께 드리는 것들 중에 자원하는 예물이 있는가 하면 하나님의 계명으로 받아 순종해야 할 예물이 있는데, 바로 십일조입니다. 그러므로 십일조는 오래 생각할 필요 없이 그저 실천하면 되는 일입니다.

아브라함과 야곱도 십일조를 드렸고, 구약의 율법도 십일조의 실천을 강조하고 있습니다. 예수님께서도 십일조를 인정하시고 칭찬하셨으며, 사도 바울도 십일조를 통해 복음 전하는 자들을 돕게 하라고 명하였습니다. 이처럼 십일조는 신·구약을 통틀어 제정된 하나님의 원리입니다.

그러므로 우리는 반드시 십일조를 실천해야 합니다. 우리가 십일조를 실천할 때, 가정도 부강하고, 교회도 부강해질 것입니다.

> 판 권
> 소 유

십일조를 꼭 해야 하나요?

2009년   9월 30일 1판 1쇄 발행
2009년 10월 10일 1판 2쇄 발행

지은이 | 조병남
발행인 | 이형규
발행처 | 쿰란출판사

주소 | 서울 종로구 이화동 184-3
TEL | 02-745-1007, 745-1301~2, 747-1212, 743-1300
영업부 | 02-747-1004, FAX / 02-745-8490
본사평생전화번호 | 0502-756-1004
홈페이지 | http://www.qumran.co.kr
E-mail | qumran@hitel.net
     qumran@paran.com
한글인터넷주소 | 쿰란, 쿰란출판사

등록 | 제1-670호(1988.2.27)

책임교열 | 송은주 · 조현경

값 7,000원

ISBN 978-89-5922-795-2 93230

* 이 출판물은 저작권법에 의해 보호를 받는 저작물이므로 무단 복제할 수 없습니다.
  잘못된 책은 교환해 드립니다.